PÉTITION

Faite au nom des Orphelins du Saint-Esprit, Place de Greve,

A MONSIEUR LE MAIRE,

ET MESSIEURS LES REPÉSENTANS

de la Commune de Paris,

Prononcée à l'Assemblée générale par M. l'Abbé PETIT-RADEL, *Vicaire-Général de Couserans.*

MESSIEURS,

LORSQUE nous demandions aux Instituteurs de notre enfance, ce que signifioient les révolutions qui se sont passées sous nos yeux ; enfans, nous ont-ils dit, vous êtes destinés à recueillir les fruits de la liberté que vous voyez conquérir ; désormais le sort de tout infortuné doit reposer entre les mains des Repré-

A

ſentans du Peuple ; & des hommes qui peut être ont eux-mêmes éprouvé l'infortune, ne peuvent manquer de ſenſibilité pour la vôtre. A ces paroles conſolantes, nos mains ſe ſont élevées vers le ciel, & nos yeux, que baignoient des pleurs d'effroi, n'ont plus laiſſé couler que des larmes de reconnoiſſance & de patriotiſme.

Jugez, MESSIEURS, juſqu'à quel point nous avons dû élever notre eſpoir (ſurtout dans un âge qui eſt naturellement celui de l'eſpérance) lorſqu'au nombre des citoyens revêtus des honneurs de l'Ædilité, nous avons vu ſiéger nos proches parens ; car, MESSIEURS, nous tenons à honneur d'en pouvoir citer parmi vous ; jugez encore combien ce ſentiment a dû s'accroître, quand pluſieurs de vos honorables Membres n'ont pas dédaigné de nous aſſurer de leur propre bouche, que la Commune avoit jetté ſur nous des regards paternels ; que, ſi les circonſtances exigeoient qu'on diſpoſât de notre emplacement pour l'utilité publique (1), on nous

____

(1) M. le Commandant-Général demande la maiſon du Saint-Eſprit, pour y tenir jour & nuit 300 Volontaires de la Garde Nationale, & dans le ſurplus du local la Commune pourroit y établir des bureaux de département qui ſe trouvent trop éloignés de l'Hôtel-de-Ville.

dédommageroit en nous plaçant dans un local mieux bâti, plus spacieux & plus salubre ; que même on avoit conçu le projet d'intituler notre établissement, *les Enfans Orphelins de la Commune*, titre qu'on jugeoit naturellement acquis à l'honnêteté de notre naissance, autant qu'à la mémoire des Bourgeois de Paris, qui ont consacré leurs biens à fonder l'Hospice que nous tenons de leurs libéralités.

Ces idées consolantes ont été bien troublées, en apprenant, MESSIEURS, qu'on vous proposoit de nous réunir à la Salpêtriere (1), de renfermer nos petites sœurs orphelines dans la même enceinte où les prostituées expient leurs déréglemens, & de nous réduire à la misère de ceux à qui nous tendons nous-mêmes les mains, quand notre fondation permet qu'ils soient admis à la jouissance du meilleur sort qu'elle nous fait.

Ainsi donc on a pu concevoir le projet de fermer vos cœurs à la pitié que vous

---

(1) Mémoire imprimé & distribué, parmi les Représentans de la Commune, dans lequel il est dit que, sans s'occuper à chercher un autre local pour le Saint-Esprit, les Représentans de la Commune *doivent insister sur la nécessité de réunir cette Maison à celles de la Pitié & de la Salpêtriere. Il n'y a point d'inconvénient.*

A 2

aviez conçue pour notre infortune. On
a pu croire que vous consentiriez à dé—
tériorer notre sort qui contraste déjà tant
avec les douceurs que nous goûtions dans
les embrassemens paternels, quand un
double deuil nous a forcé de vous crier
Concitoyens : soyez nos peres & nos
meres, nous n'en avons plus. Ainsi donc
on a pu vous proposer, sans pudeur, de
confondre, dans la même éducation phy—
sique & morale, des enfans que les hasards
d'une vie errante qui ne jouit nulle part
de droit de Cité, ou que les crimes du
libertinage ont jettés parmi vous; & des
fils d'honnêtes Négocians ou d'honnêtes
Artistes, qui comptent parmi les Eleves de
leur Maison, des Avocats distingués par
leur éloquence, des Artistes célebres, des
Curés respectables, sans compter ceux qui,
par un faux point d'honneur, n'osent avouer
le lieu où ils ont reçu gratuitement leur
premiere éducation.

Il est vrai, MESSIEURS, que par une
Déclaration donnée en 1680, Louis XIV
a décrété cette union injuste. Il est vrai
que, par cet acte de souveraineté, ce Mo-
narque a perverti la destination du patrimoine que les Bourgeois de Paris nous
avoient consacré. Il est vrai qu'il nous

laiſſoit, au terme de ſa Loi, le privilége de porter *un bonnet rouge*, pour nous diſtinguer de ceux, à la miſère deſquels il nous aſſocioit, par le regard qu'il daignoit laiſſer tomber ſur nous, pauvres orphelins de la Commune! Il eſt vrai que la main qui ſignoit, MESSIEURS, l'anéantiſſement de la fondation de vos peres, dotoit en même temps l'Abbaye de Saint-Cyr, en faveur des Demoiſelles de qualité, & deſſinoit préciſément, la même année, le plan des jardins délicieux du ſuperbe Marly. Il eſt vrai que ſon ſiecle, qui fut malheureuſement pour celui-ci le ſiécle de la magnificence & des guerres ruineuſes, en tariſſant les ſources de la libéralité publique pour des établiſſemens auſſi néceſſaires dans une Métropole que celui de l'Hôpital général, rendoit d'autant plus utile la réunion de notre antique & riche fondation.

C'eſt ſous ce dernier point de vue que nous vous prions, MESSIEURS, de conſidérer la Déclaration du 23 Mars 1680, pour bien ſaiſir l'eſprit dans lequel les diſpoſitions en ont été décrétées. Dans le préambule d'un Arrêt du Parlement du 16 Janvier 1663, il étoit dit que les Adminiſtrateurs *ſe voyoient tous les jours à la*

veille de quitter l'*Administration* & de rap-
porter aux pieds de la Cour les clefs de
l'Hôpital ; mais ce qui prouve évidemment
la misere excessive où se trouvoit l'Hôpital
Général, à l'époque où l'on y a réuni
les fruits de l'antique piété de vos Peres,
c'est que, MESSIEURS, la même année,
le même mois, le même jour, le 23 Mars
1680, où fut donnée la Déclaration par
laquelle nos biens ont été absorbés dans
la régie de ceux de l'Hôpital Général ;
Louis XIV en rendit une portant, que
les Lettres de surséance, qu'il avoit ac-
cordées & qu'il accorderoit dans la suite,
n'auroient point lieu à l'égard de l'Hôpital
Général, *attendu*, dit ladite Déclaration,
que ses Directeurs sont hors d'état de satis-
faire à ceux qui ont fourni les denrées &
marchandises nécessaires pour la subsistance
& l'entretien des pauvres. Et dans une autre
Déclaration du même jour 23 Mars 1680,
il ordonne *que les fonds les plus certains*
seront destinés au paiement du bled & autres
dépenses nécessaires, sans qu'il y puisse être
apporté dans la suite aucun changement.
C'étoit donc nos biens que l'on convoitoit
uniquement par cette union, & ce n'étoit
pas la Justice distributive qui dictoit
l'anéantissement d'une fondation aussi pré-
cieuse aux Bourgeois de Paris.

(7)

Nous rendons hommage, Messieurs, au sentiment d'équité qui vous a fait rejetter la seule idée d'effectuer notre réunion absolue à l'Hôpital Général ; mais cependant nous ne sommes pas sans inquiétude, en vous voyant indécis sur la nature de l'établissement que vous substituerez à celui que nous occupons depuis près de cinq cens ans. Un emplacement trop spacieux peut-être pour les besoins actuels de notre fondation, a fait naître à quelques-uns de vos honorables Membres l'idée de nous réunir avec d'autres établissemens, qu'au premier coup d'œil ils nous ont jugés de même nature. Il est donc pour nous de la plus grande importance de vous exposer clairement ce que nous ne sommes pas, ce que nous sommes, & ce que nous devrions être.

Trompés par la ressemblance de notre habit, on nous confond communément avec les Enfans-Bleus qui portent des flambeaux aux funérailles des riches. Nous n'avons avec les Enfans de la Trinité rien de commun que le malheur ; encore n'éprouvent-ils que la moitié du nôtre, puisqu'ils ne sont orphelins que de pere ou de mere seulement. Ce sont eux qui subsistent réellement sur les impositions publiques,

A 4

& principalement sur les fonds du grand Bureau des pauvres, à l'aumône duquel il faut qu'ils aient participé pour pouvoir être placés à tour de rôle. On ne fait dans leur réception aucune distinction de condition servile ou non servile ; & ils communiquent les droits de maîtrise aux ouvriers qui les prennent en apprentissage.

Notre établissement est le seul à Paris qui soit destiné par sa fondation & doté convenablement pour élever les fils de Bourgeois ou Artistes, maîtres dans leur profession, nés à Paris orphelins de pere & de mere, & procréés en légitime mariage. Nous ne jouissons pas des prérogatives dont jouissent les Enfans de la Trinité, parce que la Providence en a fait assez pour nous restituer à la condition d'où le malheur nous a fait décheoir, en suscitant des Fondateurs qui ont pourvu libéralement à tous nos besoins (1). Notre Maison est tellement destinée à n'élever que les fils & filles de Bourgeois qui remplissent les conditions susdites, que vérification faite des titres qui la constituent, un Arrêt

---

(1) Il doit refluer chaque année, dépense faite pour les orphelins du Saint-Esprit, 60 à 70 mille liv. de rentes sur l'Hôpital Général, selon le dépouillement fait par feu M. Pean de Saint-Gilles, Econome du Saint-Esprit.

du Parlement, rendu en 1536, a décidé qu'en cas de concurrence avec les enfans des Fauxbourgs, ceux de la Ville auroient la préférence; & sur ces divers motifs Henri III a fondé à perpétuité une place au Collège des Jésuites, pour y instruire dans les lettres un enfant du Saint-Esprit, dont il a réservé la nomination à lui & aux Rois ses successeurs.

La Charte la plus ancienne des archives de notre établissement, est une confirmation faite par Odon, Comte de Tulle, des aumônes, donations, &c. concédées par son oncle aux Maîtres & Freres de l'Hôpital du Saint-Esprit, en Avril 1263. Mais le titre qui donne l'idée la plus claire de notre fondation primitive, c'est une copie collationnée du Mandement de Jean, Evêque de Paris, en date du 17 Février 1362, par laquelle il appert que cette fondation a résulté originairement de la libéralité des Bourgeois de Paris. Elle est motivée sur des faits qui constatent le déplorable état où se trouvoient les enfans des meilleurs Citoyens, au milieu des factions qui déchiroient la Capitale, sous le regne de Jean II, alors prisonnier en Angleterre, & sous la régence du Duc de Normandie, qui fut depuis Charles-le-Sage. On y lit les expressions suivantes, qu'on nous a traduites ainsi pour notre intelligence : *on trouve fréquemment des petits garçons & des petites filles sans asyle, & morts de la rigueur du froid. Ceux dont le cœur palpite encore, demandent du secours à ceux qui sont morts à leur côté, & n'en recevant point, ils expirent ensemble. Tempore hyemali frigoris, plurimi reperti sunt pueri & puellæ; hi frigore extincti, hi adhuc palpitantes, à mortuis invicem se quærentes auxilium & non invenientes, simul moriebantur.*

La maison que nous occupons près de l'Hôtel-de-Ville provient d'une acquisition faite par les Gouverneurs de cet Hôpital, en 1363, comme il appert par le contrat passé entre eux & Bernard, Comte de Ventadour. Dans la suite nos biens se sont accrus successivement & toujours par les libéralités des Bourgeois de Paris; en sorte que par un état dressé en 1762, quoiqu'on eût déja beaucoup aliéné, on voit que le Saint-Esprit possédoit alors aux environs de de soixante-huit maisons à Paris, parmi lesquelles il en existe encore de très-considérables, deux cent dix arpens trois quartiers & demi de terre en biens ruraux, & 2723 l. 3 s. 8 d. de rente, tant à Baux d'héritage qu'autres. Ceci nous conduit naturellement,

MESSIEURS, à vous expofer ce que nous devrions être.

Depuis la Déclaration de 1680 (1) notre nombre a été réduit à cent-vingt ; & tandis que, fuivant notre Inftitution primitive, nous devrions être non-feulement foignés & élevés dans l'enfance, mais encore mis en apprentiffage aux dépens de la maifon (2), il faut au contraire que des débris de la fucceffion de nos parens nous prenions une fomme de 240 livres pour fournir à cette dépenfe. Les Lettres confirmatives de notre établiffement, du 4 Août 1445, portent que *quand les filles orphelines font en âge de marier, on les marie du mieux qu'on peut aux dépens dudit Hôpital* ; & depuis la Déclaration de 1680, cette fon- dation ne peut plus s'exécuter : il ne refte

---

(1) L'Edit de 1680 porte que jufqu'alors *les Adminif- trateurs ont entretenu plus de deux cents orphelins de l'un & de l'autre fexe*, qu'en réuniffant les biens du Saint-Efprit, *on entretiendra au moins quatre cents orphelins qui porteront un bonnet rouge pour marque qu'ils y font nourris des revenus dudit Hôpital du Saint-Efprit.*

(2) Les Lettres-Patentes, confirmatives de la fondation & Confrerie du Saint-Efprit, portent que ladite maifon *ne recevra que les orphelins de pere & de mere, nés & procréés en loyal mariage*.........., *lefquels feront audit Hôpital couchés, levés, vêtus & chauffés, alimentés & gouvernés*......; *appris à l'Ecole, tant de l'art de mufique qu'autrement, & après mis à aucun métier,*......*aux dépens dudit Hôpital.*

(12)

plus aucun veſtige de tous ces ſoins paternels, tant pour nous que pour nos petites
Sœurs ; qu'une fondation de M. Dubois
qui donne 300 livres tous les dix ans pour
marier une orphéline ; 581 livres de rente
fondée par M. Trois, notre dernier Supé-
rieur pour le ſpirituel ; cette ſomme eſt
partagée chaque année entre toutes les
orphelines qui ſortent de la maiſon après
leur éducation terminée ; enfin deux lots
de 150 liv. chacun que nous tirons chaque
année à une loterie de bienfaiſance, éta-
blie par Madame la Baronne de Tour.

Vous voyez, MESSIEURS, comme par
la réunion de nos biens à tout autre établiſ-
ſement, la fondation des orphelines de la
Commune ſeroit, pour nous ſervir de l'ex-
preſſion de la charte ſuſdite de 1445, *miſe
en toute confuſion, miſere & perdition, ce
qui ſeroit choſe moulte pitieuſe de petit exem-
ple dommageable & déshonorable à notre ville
de Paris.*

Quoi, MESSIEURS ! on auroit multiplié
de toute part les établiſſemens deſtinés à
l'éducation des Nobles, & le ſeul qui exiſte
dans cette Capitale pour des orphelins de
pere & de mere Bourgeois, ſeroit anéanti !
Un monument qui a trouvé ſes principaux
Fondateurs dans le ſiecle de la Jaquerie &

des Marcels trouveroit sa ruine dans le
vôtre ! Si un tel établissement n'existoit pas,
pour soutenir l'honneur d'une Nation rivale
de toute la générosité Britannique, il fau-
droit le créer ; il existe, & s'il a souffert
des altérations, il ne seroit pas restitué dans
tous ses droits ! Non, Messieurs, dans
un siecle qui ressuscite les droits de l'homme,
les droits des orphelins qui sont plus sacrés
encore, ne peuvent demeurer plus long-
tems frappés de létargie : c'est donc à votre
sagesse à combiner les moyens de le rétablir
dans son ancienne splendeur ; c'est à vous
à examiner, Messieurs, si, lorsque vous
balancez peut — être à nous destiner un
emplacement plus considérable que celui
que nous occupons, la voix de la justice
ne vous dicte pas de nous le donner en
restitution de tous les biens que la misere
de l'Hôpital-Général a forcé d'aliéner (1) ;
cette restitution, Messieurs, seroit d'autant plus juste, que les produits de la vente
de nos biens vous ont évité des impositions
personnelles. Enfin, Messieurs, si vous
repoussez avec indignation jusqu'à la moin-
dre idée de nous rejetter sur d'autres éta-

____

(1) Depuis 1761 on a été obligé de vendre vingt-cinq
maisons & plus appartenantes au Saint-Esprit.

blissemens, comme un fardeau qui vous seroit à charge, il est digne de vous de le restituer dans l'état où il étoit avant l'Edit de 1680. Ne mesurez ses limites que sur l'étendue du patrimoine que vos peres nous avoient laissé ; alors, ouvrant un asyle à tant de malheureux orphelins qui devroient jouir parmi nous des bienfaits d'une éducation libérale (1), vous recueillerez le quadruple de nos bénédictions.

Nous vous en conjurons, MESSIEURS, au nom de l'humanité, au nom du Dieu qui s'est arrogé le titre de protecteur des orphelins, au nom de tous nos Fondateurs qui vous parlent ici par notre bouche. Hélas ! les lieux où reposent leurs cendres ne sont décorés par aucun de ces trophées victorieux qu'on ne peut envisager sans penser à tout le sang dont ils ont été payés ; le marbre n'y retrace pas la pompe de tous les titres vains qui surchargent les mausolés des Grands. Nés dans la pauvreté peut-être, puisqu'ils étoient si compatissans, la plupart nous ont laissé leurs bienfaits sans nous laisser même leurs noms ; & lorsqu'ils sont des-

______

(1) Un enfant orphelin, qui est inscrit au nombre des postulans pour entrer au Saint-Esprit, attend jusqu'à trois ans une place, & dans quel état attend-il ?..... Il est pauvre & orphelin de pere & de mere.

cendus dans le sombre séjour de l'égalité,
le seul monument qu'ils ont ambitionné,
le seul qui n'afflige point la vanité, le seul
qu'ils aient cru plus durable que le bronze,
c'est celui de la reconnoissance qu'ils trou-
veront à jamais dans nos cœurs, c'est le
spectacle attendrissant qu'au centre de cette
Capitale nous offrons à l'émulation de nos
concitoyens.

Au seul énoncé d'une Pétition faite en
faveur des orphelins, l'Assemblée lui a
décerné les honneurs de sa tribune, & a
voulu que cette Pétition demeurât annexée
à la minute du procès-verbal de la Séance.
Les faits qu'elle renferme & les craintes
qu'elle expose, ont excité l'attention la
plus soutenue & même les marques d'un
attendrissement général. Dans la discussion
très-étendue dont elle a été suivie, chacun
s'est déclaré hautement le défenseur & le
pere de ces infortunés ; cependant l'utilité
publique exigeant que leur établissement soit
provisoirement transféré aux Bernardins,
l'Assemblée générale a pris un arrêté dans
lequel les droits de ces orphelins sont rigou-
reusement respectés.

Ils ont donc tout lieu d'espérer maintenant que dans la nouvelle disposition des établissemens publics, un Peuple libre & généreux n'oubliera pas sans doute que tous les Spectacles de la Capitale ont été magnifiquement reconstruits dans l'espace de dix ans ; & qu'au contraire l'éducation publique des orphelins de la Commune est restée confinée pendant cinq cents ans dans les granges à peine récrépies d'une petite métairie du Comte de Ventadour ; que ces orphelins y subissent depuis des siecles tous les maux que le mauvais air engendre dans un enclos trop circonscrit ; que même les sources de la libéralité des Citoyens qui l'ont opulemment fondé, quoique toujours dirigées vers le bien général des pauvres, ont été cependant, par leur réunion à l'Hôpital-Général, détournées, sinon taries, pour des usages totalement étrangers à leur volonté derniere.